LES

FERMIERS GÉNÉRAUX

SOUS LA TERREUR

PARIS. — IMP. SIMON RAÇON ET COMP., RUE D'ERFURTH, 1.

LES

FERMIERS GÉNÉRAUX

SOUS LA TERREUR

PAR

ANDRÉ JOUBERT

Extrait du CORRESPONDANT

PARIS
CHARLES DOUNIOL, LIBRAIRE-ÉDITEUR
29, RUE DE TOURNON, 29

1869

LES FERMIERS GÉNÉRAUX

SOUS LA TERREUR

Bulletin du tribunal révolutionnaire. — *Mémoires du comte Mollien*. — *Causes secrètes du 9 thermidor*, par Vilate. — *Archives de l'Empire*, W. carton 362, dossier 785 ; carton 365, dossier 809. — *Moniteur de la République française*, an II et an III.

« Nous pouvons tous regarder avec confiance notre vie passée et le jugement qu'on en portera : nos juges ne sont ni dans le tribunal devant lequel nous allons comparaître, ni dans la populace qui nous insultera. »

LAVOISIER.

On sait que, sous l'ancien régime, on donnait le nom de fermiers généraux aux financiers qui prenaient à ferme les revenus publics provenant de la gabelle, de l'impôt sur le tabac, des octrois, des entrées de Paris, des droits d'aides dans le territoire de la banlieue, et, en outre, des droits d'aides du royaume et des droits domaniaux. Leur nombre s'élevait d'abord à soixante ; il fut plus tard réduit à quarante. Cette compagnie jouissait de plusieurs privilèges importants, et la nomination de ses membres dépendait du ministère des finances. Chacun d'eux touchait 300,000 francs, et leur cautionnement variait entre 1 million et 1,200,000 livres. Il ne faudrait pas cependant croire qu'ils fussent exempts des charges qui grevaient les différents ordres de la nation à la fin du règne de Louis XV. Le crédit de cette société recevait, au contraire, de fréquentes atteintes. En 1770, l'abbé Terray augmenta les cautionnements, refit les baux et diminua les bénéfices des fermiers généraux. Ensuite, pour subvenir aux folles dépenses de Mme Dubarry, qui gaspillait 60,000 livres par mois, sans compter les sommes employées à l'embellissement de son magnifique château de Luciennes, il eut recours à un système d'exactions honteuses. Il força les fermiers généraux à payer à la « maîtresse du roi, » à son entourage, à une foule d'intrigants et de courtisanes en vogue, des parties proportionnelles de leurs revenus, ce qui restreignait singulièrement leurs profits. L'histoire a flétri ces abus sous le nom de *croupes*, et les chansons qui couraient Paris firent justice des procédés du contrôleur. Il est avéré aujourd'hui que cinq seulement, sur soixante d'entre ces financiers, avaient place entière, et au dire d'un mémoire secret publié à Londres, les gains de leurs collègues étaient absorbés en pensions de toute espèce.

Les fermiers généraux qui administraient les finances sous Louis XVI avaient pour la plupart droit à l'estime publique. Mais leurs devanciers s'étaient signalés sous la régence et pendant la première moitié du dix-huitième siècle par leurs désordres, leur luxe insolent et leur sévérité impitoyable. Ils avaient peu à peu attiré sur leur tête l'orage qui éclatera sur celle de leurs successeurs. Vainement les Lavoisier, les Paulze, les Deville et tant d'autres s'efforceront-ils de remédier aux maux d'une situation menaçante, on ne leur tiendra aucun compte de leurs généreuses tentatives, on ne verra en eux que les instruments d'un pouvoir détesté, et ils succomberont à leur tour, victimes des fautes de leurs prédécesseurs.

Soixante ans d'arbitraire et de dilapidations avaient lentement amassé au fond des cœurs les germes des colères et des haines mal contenues auxquelles les pamphlets les plus hardis fournissaient chaque jour un aliment nouveau. Les écrivains, mettant à profit cette disposition des esprits, attisaient sans relâche cette flamme ardente, ne prévoyant pas à quels excès le peuple se porterait quand sonnerait pour lui l'heure des représailles. Une page détachée du *Tableau de Paris*, de Mercier, imprimé à Amsterdam, donnera une idée de la violence du langage de ces libelles : « La finance, la finance, c'est la machine-pressoir qui nous foule ; elle a pourtant ses apologistes, et on plaint sérieusement un traitant de ce qu'il gagne moins que ses devanciers : la finance comme une grêle désole les cantons ; la finance, lorsqu'elle a saisi sa proie, l'emporte, la soustrait aux tribunaux, et dans son antre, seule avec sa victime, elle est à la fois témoin, juge, partie et bourreau. »

Les ministres de Louis XVI croyaient qu'il suffisait de multiplier les réformes pour conjurer les dangers ; mais ces modifications partielles ne faisaient que mieux ressortir la nécessité d'un changement total du système, en en dévoilant les nombreuses faiblesses. Parmi les économistes qui se distinguèrent dans ces circonstances difficiles, on remarque au premier rang Lavoisier. Né en 1743 à Paris, il s'adonna avec tant d'ardeur et de persévérance à l'étude des sciences, que l'Académie n'hésita pas à lui ouvrir ses portes en 1765. L'année suivante, il obtint une place de fermier général. Dès lors il continua ses travaux, sans négliger toutefois les devoirs que lui imposait cette nouvelle fonction. Il ne nous appartient pas d'analyser ici l'œuvre de l'illustre chimiste ; nous nous contenterons de rappeler que chaque année fut marquée par d'utiles et intéressantes découvertes. En 1776, Turgot appela Lavoisier à la direction des poudres et des salpêtres. Il adopta, en outre, les conclusions d'un important travail de ce savant sur l'administration des octrois. Il semblait donc que le crédit des fermiers généraux, un instant ébranlé par les attaques passionnées de leurs ennemis, se fût un peu raffermi, quand une maladresse des agents du pouvoir acheva de le ruiner pour toujours. Depuis longtemps ces financiers se plaignaient de ce que les objets frappés de taxe légale fussent introduits fréquemment en fraude dans Paris, par suite de l'absence de toute clôture. Louis XVI ordonna à l'architecte Ledoux de construire une enceinte continue autour de la capitale. Cette mesure n'eût soulevé aucune réprobation, si elle eût été sagement exécutée. Mais Ledoux eut la fâcheuse idée de bâtir des pavillons monumentaux et des portes colossales, destinées à garder chaque ouverture pratiquée pour le passage des habitants et l'entrée des octrois. On fit des dépenses énormes pour subvenir aux frais de cette architecture aussi ridiculement pompeuse que peu en harmonie avec l'état des ressources financières. On doubla les impôts, et le mécontentement devint bientôt universel. Les adversaires de la monarchie affectèrent de donner à cette entreprise purement fiscale une portée politique qu'elle n'avait point, et le vers suivant vola de bouche en bouche :

Le mur murant Paris rend Paris murmurant.

Les épigrammes couraient les salons, et l'une des plus connues fut celle-ci :

Pour augmenter son numéraire
Et rétrécir notre horizon,
La ferme a jugé nécessaire
De mettre Paris en prison.

Un bourgeois récalcitrant protestait contre la démolition de sa maison et demandait de quel droit on le traitait de la sorte ; le maître des requêtes lui répondit brutalement : « En vertu du droit canon. »

Cependant à Turgot avait succédé M. Necker, qui voulut opposer aux vieilles routines les principes nouveaux de l'économie politique. Il modifia les clauses du bail des fermes et supprima les croupes. M. d'Ormesson remplaça M. Joly de Fleury. Il parvint, au moyen de plusieurs réformes, à alléger considérablement les charges du Trésor, et renouvela le traité conclu avec les financiers dont le terme devait échoir en 1792. Mais de graves événements se seront alors accomplis : la France aura renversé le trône des Bourbons, la majesté royale aura été foulée aux pieds dans la journée du 10 août, et les menaces des armées coalisées hâteront l'explosion du mouvement révolutionnaire. M. d'Ormesson s'étant retiré, M. de Calonne prit la direction des affaires. Les expédients multipliés auxquels il eut recours furent inhabiles à retarder la crise fatale, et le gouvernement, à bout de ressources, se décida à convoquer l'assemblée des notables : ni cette mesure tardive ni le rappel de Necker n'arrêtèrent la marche des événements. Le sort en était jeté, la monarchie était condamnée, et une ère de luttes sanglantes allait s'ouvrir pour la France.

Le 5 mai 1789, les trois ordres, clergé, noblesse et bourgeoisie, réunis en séance solennelle, demandèrent l'abolition de la ferme générale. Le vendredi 4 mars 1791, l'Assemblée constituante décréta, sur le rapport de Rœderer, qu'à dater du 1er avril de la même année, les appointements des fermiers généraux seraient supprimés : plus tard, elle leur accorda un traitement personnel et des indemnités pour les frais de bureau. Le plus grand nombre des financiers rentra dans la vie privée. Lavoisier, en sa qualité de député, avait présenté à l'Assemblée nationale, le 21 novembre 1789, le compte rendu des opérations de la Caisse d'escompte dans un langage dont la clarté n'excluait pas l'élégance. Il continua, pendant toute l'année suivante, à travailler à l'élaboration des lois et des institutions nouvelles.

Déjà cependant la haine et la jalousie s'acharnaient avec une effroyable violence contre les serviteurs du pouvoir déchu. Marat proférait chaque jour dans *l'Ami du peuple* les plus ignobles invectives contre tous ceux dont le caractère et le talent étaient pour lui un objet d'envie. Voici en quels termes, dans un numéro daté de janvier 1791, il apostrophait Lavoisier : « Je vous dénonce le coryphée des charlatans, le sieur Lavoisier, fils d'un grippe-sou, apprenti chimiste, élève de l'agioteur genevois, fermier général, régisseur des poudres et salpêtres, administrateur de la caisse d'escompte, secrétaire du roi, membre de l'Académie des sciences, intime de Vauvilliers, le plus grand intrigant du siècle et l'administrateur infidèle des subsistances. Croiriez-vous, notre ami, que ce petit monsieur, qui jouit de 150,000 livres de rente et qui n'a d'autre titre à la reconnaissance publique que d'avoir transporté les poudres de l'Arsenal à la Bastille dans la nuit du 12 au 13 juillet, cabala comme un démon pour être élu administrateur du département de Paris. Pour capter les suffrages, il donne des repas splendides où assistent nombre de députés à l'Assemblée, tels que Dupont, de la Roche, Bailly et Malouet. J'espère que ce sera en pure perte. Plût à Dieu que ce suppôt de la maltôte eût été lanterné au 6 août! Les citoyens du district de la culture n'auraient pas à rougir de l'avoir nommé une fois. » — (Extrait du journal *l'Ami du peuple*, n° CLIII.)

Lavoisier eut le tort de mépriser ces attaques qui, croyait-il, partaient de trop bas pour l'atteindre. Toutes les imputations formulées par Marat contre Lavoisier se retrouveront cependant dans le réquisitoire de Fouquier-Tinville. Dès ce jour, la foule commença à voir dans celui qu'on désignait à sa vengeance un ennemi de sa sécurité et de ses intérêts. Peu après, Lavoisier fut nommé commissaire à la Trésorerie nationale, et, dans un article du *Moniteur* du 20 mai, ses ouvrages d'économie politique furent qualifiés de « livres très-patriotiques. » Il prit dès lors une part très-active aux discussions relatives au changement des poids et mesures. Les événements du 10 août, les massacres de septembre et l'exécution du roi émurent douloureusement son âme. Justement effrayé des excès de la Convention, il résolut de renoncer à la politique et de se consacrer exclusivement à l'étude. Il ne jouit pas longtemps de ce repos tant désiré.

La Terreur étreignait la France sous son joug de fer, et le Comité de salut public disposait en maître de la vie des citoyens. Les dénonciations étaient à l'ordre du jour, et on proscrivait comme suspects tous ceux qui étaient soupçonnés de quelque attachement aux idées monarchiques. Le lundi 26 février 1793, Carra, après avoir félicité la Convention d'avoir anéanti « jusqu'aux traces du despotisme des brigands couronnés, » proposa d'établir une commission de justice distributive chargée d'examiner la gestion de ces « vils financiers. mollement endormis sur des coffres d'or et d'immenses portefeuilles d'assignats... Non, s'écriait-il, vous ne souffrirez pas que ces stupides sangsues se reposent dans l'ombre du repos, sans leur faire dégorger de tout le sang qu'ils ont sucé sur le corps du peuple. » Puis, dans un tableau d'une sauvage énergie, il retraça les misères des campagnes, l'héroïsme des volontaires, et montra « ces traitants se tenant cois dans leurs hôtels ou leurs châteaux, formant des vœux atroces pour les succès des despotes coalisés, tandis que les citoyens de tout âge marchent contre les hordes des barbares. » Il demanda que tous ceux qui avaient « accaparé la fortune et les dernières gouttes des sueurs de la nation » fussent assujettis à l'énumération de leurs biens; que dix-neuf membres de l'Assemblée reçussent leurs déclarations; que des mandats d'arrêt fussent lancés contre les retardataires ou leurs complices; enfin que tous ceux qui seraient reconnus coupables fussent punis de mort. Il insista pour la confiscation immédiate des meubles et immeubles appartenant aux fermiers généraux. La Convention nationale applaudit. Carra flattait ses secrets désirs en lui offrant le moyen de s'emparer des richesses des financiers, dont elle convoitait ardemment la possession. Dès lors, il ne se passa pas une séance où un député ne montât à la tribune pour rappeler à ses collègues les crimes des traitants. Cambon promit une rentrée de 200 millions de livres si on les exécutait, et Dupin ne cessa de prétendre qu'ils avaient malversé 50 millions dans un seul de leurs comptes. Montault et Vadier firent adopter, le 2 juin 1793, un décret pour l'apposition des scellés sur les caisses et papiers de tous ceux qui n'avaient pas obéi aux ordres de la Convention. Il devait en outre être fait inventaire de toutes les sommes dont les fermiers généraux seraient trouvés détenteurs. Le 27 septembre, l'Assemblée déclara que deux commissaires pris dans son sein auraient à constater les abus et les excès des accusés. Le 25 novembre, Bourdon de l'Oise demanda qu'ils fussent arrêtés et « livrés au glaive de la loi, si leurs comptes n'étaient pas rendus au bout d'un mois. »

Le complot se tramait donc ; mais les chefs manquaient encore. C'est alors que parurent sur la scène deux hommes, qui, guidés en apparence par des mobiles différents, n'en étaient pas moins unis par un même sentiment de basse cupidité : nous voulons parler de Gaudot et de Dupin. Gaudot était un ancien receveur des droits d'entrée de Paris au port Saint-Paul, destitué pour vols et concussions. Il avait soustrait plus de 300,000 livres. Pris et jeté en prison, il parvint à s'échapper, au milieu des troubles de la Révolution, et songea à détruire les papiers renfermés au greffe, à la cour des aides et dans les bureaux de la ferme générale, qui étaient de nature à le compromettre. Il s'adressa à la Convention, disant qu'il procurerait à la République des sommes énormes si on voulait écouter ses dénonciations. Il parlait de plusieurs centaines de millions, annonçait des révélations d'une haute importance ; bref, il joua si bien son rôle qu'il fut autorisé à fouiller tous les dépôts. Il fit main basse sur les documents qui le concernaient, et saisit en outre la correspondance de ses anciens maîtres. Il espérait avoir l'occasion de s'en servir plus tard, comme d'une arme puissante, pour forcer les fermiers généraux à acheter son silence, ou pour réclamer auprès de la Convention une large part dans les dépouilles des victimes. Mais s'il avait ou croyait avoir les moyens de baser son accusation contre les financiers, il ne se sentait pas assez d'éloquence pour les attaquer lui-même au sein de l'Assemblée et réfuter les arguments dont ils ne manqueraient pas de se servir dans le cours du procès, afin d'établir leur innocence. Il s'adjoignit donc le concours de Dupin. Ce complice de Gaudot mérite de fixer l'attention. C'est lui qui rédigera le rapport de la Convention ; c'est lui qui appuyera de tous ses efforts les mesures arbitraires du tribunal révolutionnaire ; c'est lui qui, de concert avec Fouquier-Tinville et Coffinhal, étouffera la voix de la défense et hâtera le supplice des condamnés, sauf à se démentir lâchement quand viendra l'heure de la réaction, et à rejeter sur Robespierre toute la responsabilité de son forfait.

Dupin (Antoine) était employé dans les fermes, où, grâce à la protection de M. Paulze, il avait obtenu un rapide avancement, quand éclata la Révolution. Il se rangea parmi les adversaires de la monarchie et fut élu député de l'Aisne en 1789. Quand la Convention remplaça l'Assemblée législative, il siégea à la montagne auprès des Barère, des Couthon et des Lebas. Il vota tous les décrets de proscription. Il joignait à une froide cruauté un goût immodéré pour la table, et il devint bientôt célèbre dans tout Paris par le luxe et le raffinement qu'il y déployait. Il réunissait souvent des amis politiques dans son splendide hôtel, et là, sous la présidence d'une femme qui exerçait sur lui un invincible ascendant, Mme de Bonnefoi, il célébrait, en compagnie des courtisanes en vogue « le triomphe de la sainte guillotine sur les aristos et les modérés. » Il fut en outre un des adeptes les plus fougueux des doctrines de Catherine Théot, dite la Mère-de-Dieu, qui prédisait la venue d'un nouveau Messie et reconnaissait comme prophètes dom Gerle et « le divin Robespierre. » Vilate nous a laissé, dans un pamphlet très-curieux sur les causes secrètes du 9 thermidor, le récit des prédications extravagantes de Dupin dans le cénacle des initiés aux mystères de cette religion bizarre.

Dupin passa de longs mois à amasser des documents de toute espèce et à préparer son réquisitoire, accueillant avec empressement les délations des anciens employés de la ferme, et récompensant chaque trahison suivant son importance.

Le 13 janvier 1794 il fit rendre un décret préliminaire dans lequel la Convention déclarait « qu'il était de son devoir de ne pas laisser s'altérer le gage national. » L'Assemblée ajouta que désormais les biens des fermiers généraux « placés sous la main de la nation seraient administrés par la régie et l'enregistrement comme ceux des émigrés. » Mais là ne devait pas s'arrêter la prévoyance des collègues de Dupin ; le 28 nivôse suivant parut un nouveau décret qui « mettait dans les mains de la nation les biens, meubles, immeubles et revenus des fermiers généraux intéressés dans les baux de David, Salzard et Mager. » Cette fois on jetait le masque ; ce n'était plus seulement en administrateurs, c'était en maîtres que parlaient les membres de la Convention. Il ne s'agissait plus seulement de gérer les richesses des financiers, mais d'accaparer les dépouilles et de les partager.

Depuis plusieurs mois les fermiers généraux, arrachés à leurs familles, avaient été enfermés dans la maison de Port-Royal. Lavoisier montait tranquillement sa garde le soir où parut le décret d'arrestation, sans se douter du danger qui le menaçait. Il entendit les crieurs publics annoncer la nouvelle, et il courut chez plusieurs de ses amis qui lui conseillèrent de ne pas rentrer à son domicile. Il erra quelque temps à l'aventure dans Paris, et rencontra M. Lucas, huissier de l'Académie des sciences, qui lui offrit un refuge dans le local même des séances. Il demeura caché là pendant plusieurs jours. Mais dès qu'il sut que son beau-père était au nombre des détenus, il alla se livrer lui-même à ceux qui le cherchaient.

Il engagea ses compagnons d'infortune à rédiger une adresse à la Convention, dans laquelle ils disaient que, tenus éloignés de leurs papiers, ils ne pouvaient rendre leurs comptes, et réclamaient la restitution de tous les documents séquestrés. Ils demandaient encore à être transférés dans une maison nationale, où ils eussent la facilité de préparer leurs réponses aux diverses questions que leur adresseraient les commissaires du gouvernement chargés de l'examen de leur ancienne administration. On leur accorda, non sans beaucoup d'hésitation, la faveur d'être internés dans les bâtiments de l'Hôtel des fermes. C'est ainsi que ces lieux, qui avaient été si longtemps témoins des splendeurs de ces financiers, furent, par une amère ironie du sort, transformés pour eux en cachots.

Les prisonniers étaient au nombre de trente et un, et avaient chacun une cellule séparée. Tous les jours ils entendaient, de deux heures à quatre, les clameurs de la foule insultant les malheureux que les charrettes du tribunal révolutionnaire conduisaient à l'échafaud. Ils lisaient les feuilles publiques, communiquaient avec leurs anciens commis, et réunissaient tous les documents qu'ils parvenaient à se procurer par l'entremise de quelques amis dévoués. On leur permettait de recevoir les visites de leurs femmes et de leurs enfants, en présence du geôlier qui épiait jusqu'aux plus intimes épanchements. Ils apprirent enfin, le 15 floréal, que Dupin déposerait le lendemain son rapport contre eux. Ils savaient qu'ils étaient condamnés d'avance, et que si la Convention conservait encore un faible respect pour la légalité, ce n'était que par un dernier sentiment de pudeur dont elle ne tarderait pas à se dépouiller. Presque tous, cependant, montraient une admirable résignation. M. de Mollien fut le seul qui, avec M. de Boullogne, sentit un instant son courage défaillir: il l'a avoué lui-même dans ses Mémoires. De concert avec son ami, il acheta une certaine quantité d'opium, et tous les deux résolurent de se soustraire par une mort rapide à l'ignominie du supplice. Ils allèrent trouver Lavoisier, lui parlèrent de leur dessein, et lui offrirent de partager leur sort. Il sourit tristement et leur répondit : « Je ne tiens pas plus que vous à la vie, et j'ai fait le sacrifice de la mienne : mais pourquoi aller au-devant de la mort ? Serait-ce parce qu'il est honteux de la recevoir par l'ordre d'un autre, et surtout par un ordre injuste? Ici l'excès même de l'injustice efface la honte. Nous pouvons tous envisager avec confiance notre vie passée et le jugement qu'on en portera, peut-être avant quelques mois. Nos juges ne sont ni dans le tribunal devant lequel nous allons comparaître, ni dans la populace qui nous insultera. C'est comme une peste qui ravage la France. Elle frappe au moins ses victimes d'un seul coup; mais il n'est pas impossible qu'elle s'arrête devant quelques-uns de nous. Nous donner la mort serait absoudre les forcenés qui nous y envoient. Pensons à ceux qui nous ont précédés, ne laissons pas un moins bon exemple à ceux qui nous suivent. » Nous ne savons rien qui surpasse en élévation et en fermeté ces conseils de Lavoisier à ses compagnons. Il y a loin de cette noblesse de langage et de cette acceptation d'une sentence imméritée, aux déclamations violentes des Danton, des Hébert et de tous ces tribuns fougueux qui se révoltaient contre la sentence fatale avec tant de cynisme et de colère.

Le 16 floréal, au matin, Dupin déposa, au nom des comités de sûreté générale et des finances, réunis à la commission d'examen des comptes, un long rapport, concernant l'administration des fermiers généraux, dont voici le résumé.

Il rappelle que la Convention avait chargé, par un décret daté du 27 septembre 1793, deux commissaires, choisis dans son sein, de constater les abus et malversations des ci-devant intéressés dans les baux de David, Salzard et Mager. Puis, après avoir rendu hommage au zèle infatigable des citoyens réviseurs, et avoir, suivant la coutume de tous les orateurs de la Montagne, payé son tribut d'invectives à la monarchie déchue, il énumère en ces termes les principaux griefs contre les financiers.

Il leur reproche :

1° D'avoir eu recours à la ventilation, ou manœuvre frauduleuse tentée par eux pour obtenir de David, Salzard et Mager leur bail à un prix inférieur à celui auquel il devait être porté ;

2° D'avoir pratiqué l'échange des trois dixièmes contre une association dans les bénéfices, et il qualifie cet acte « d'œuvre ourdie dans les ténèbres par le génie fiscal ; »

3° D'avoir obtenu des indemnités abusives ;

4° D'avoir demandé des gratifications imméritées, et fait des dépenses non motivées ;

5° D'avoir prélevé des étrennes prises sur le bénéfice de chaque année ;

6° D'avoir éludé le rapport d'une anticipation autorisée ;

7° D'avoir versé trop tardivement au trésor public des fonds provenant des perceptions mises en régie ;

8° D'avoir apputé les débets des fonds appartenant à la régie nationale ;

9° D'avoir contrevenu à la loi du timbre ;

10° D'avoir commis d'horribles exactions sur les tabacs du peuple, lesquelles consistaient dans des mesures immorales prises par eux, et dans des mélanges pernicieux de corps hétérogènes tels que l'eau.

Cette accusation était la plus grave aux yeux de Dupin : aussi consacre-t-il de longues pages au développement de ce grief. Il insiste pour une prompte et énergique répression en disant que la concussion sur le tabac a excité l'indignation de tous les honnêtes patriotes qui protestaient « contre l'obstination des auteurs de ce système à compromettre la santé de leurs concitoyens les moins aisés pour satisfaire un intérêt sordide. »

Il reconnaît ensuite que les fermiers généraux ont bien rendu les vingt millions que « la Convention les avait sommés de remettre aux mains de la nation. » Mais il cherche à dénaturer le caractère véritable de cet acte si louable, en soutenant que les financiers avaient voulu donner l'apparence d'un sacrifice à une restitution légitime. Il reconnaît, en terminant, que tous les accusés ne sont pas coupables au même degré, et il demande à la Convention de proportionner le châtiment à la faute.

Il conclut en proposant à ses collègues de rendre le décret suivant, qui est adopté avec enthousiasme :

« La Convention nationale, après avoir entendu le rapport des comités, attendu que les ci-devant fermiers généraux sont prévenus :

« 1° De s'être, au lieu de se borner, pendant le bail de David, Salzard et Mager, à la jouissance des intérêts à quatre pour cent, que leur accordait le bail enregistré dans les cours, tant sur les soixante-douze millions de cautionnement que sur les vingt-deux millions de prêt remboursables par sixièmes et par année, attribué des intérêts à dix et six pour cent, tant sur les sommes que sur la mise des fonds nécessaires à leur exploitation antérieure, et que par les attributions qu'ils ont introduites dans les frais de régie, ils se sont procuré des bénéfices non alloués dont les capitaux ont fructifié dans leurs mains ;

« 2° D'avoir exercé sur le peuple une concussion répréhensible en introduisant dans le tabac, après sa préparation de l'eau dans la proportion d'un septième, et en lui faisant payer cette eau au prix du tabac, concussion aussi dangereuse pour la santé du consommateur que nuisible à ses intérêts ;

« 3° D'avoir enfreint les clauses du bail qui les assujettissait à verser chaque mois le produit des droits qui leur étaient donnés en régie ;

« 4° D'avoir préjudicié aux droits du gouvernement en faisant substituer au dixième établi par l'édit de 1764 et l'arrêt du 4 février 1770 sur les bénéfices résultant du bail, les dispositions de l'arrêt du 21 janvier 1774 ;

« 5° D'avoir sollicité et obtenu une indemnité pour la distraction d'une perception qui leur était confiée, lorsqu'il est évident que cette distraction ne leur était point onéreuse ;

« 6° D'avoir retenu dans leurs mains des fonds provenant des bénéfices, lesquels devaient être versés dans le trésor public, au moment où ils se sont répartis la portion qui leur en revenait ;

« 7° Avoir accordé des gratifications extraordinaires à des personnes qui n'y pouvaient prétendre, et qu'ils ont en outre ordonné des dépenses contre tous les principes consacrés, et ont, par ce moyen, disposé de ce qui appartenait au gouvernement ;

« 8° D'avoir enfin liquidé les débets des comptes qui concernaient leur administration avec l'argent qui provenait de l'administration nationale ;

« Par ces motifs, renvoie les ci-devant fermiers généraux, intéressés dans les baux de David, Salzard et Mager, au tribunal révolutionnaire pour y être jugés conformément à la loi. »

Quelques heures plus tard, des membres de la Commune de Paris, ceints de l'écharpe tricolore, arrivaient à l'hôtel des fermes, escortés par des gendarmes qui précédaient une longue file de chariots couverts, destinés au transport des détenus. Le concierge, après avoir pris connaissance des ordres de la Convention, procéda à l'appel successif des prisonniers, suivant l'ordre des écrous. Vingt-huit fermiers généraux comparurent tour à tour devant les commissaires de la République. On les enferma quatre par quatre dans les véhicules qui stationnaient devant la porte d'entrée. Les guichetiers, dont le cœur aurait dû être endurci par l'habitude de ces tristes spectacles, ne pouvaient s'empêcher de pleurer. Les victimes gardaient un silence à la fois calme et digne : pas une larme, pas un mot de reproche, pas un murmure. Pendant ce temps, les officiers municipaux, à moitié ivres, buvaient et vociféraient. Le cortége se mit lentement en route pour la Conciergerie, où les financiers devaient être incarcérés en attendant le jour de leur exécution.

On se ferait difficilement aujourd'hui une idée de ce qu'étaient alors les prisons. En détruisant la Bastille, le peuple avait cru anéantir jusqu'aux derniers vestiges de ces sombres cachots où la monarchie plongeait les condamnés ; mais la République victorieuse y avait promptement substitué la Force, l'Abbaye, les Madelonnettes et cent autres lieux de détention dont le nom seul éveille dans l'esprit les plus douloureux souvenirs. La Conciergerie servait, au moment où éclata la révolution, à enfermer les voleurs et les assassins. La Convention y entassa tous ceux qui étaient soupçonnés de modérantisme ou d'intentions contre-révolutionnaires : une chambre où dix personnes à peine auraient trouvé place, en reçut jusqu'à soixante. On n'y restait d'ordinaire que peu de temps ; mais les cachots étaient si malsains, les geôliers si brutaux, la nourriture si détestable, que ce séjour devenait bientôt intolérable. Le comte Beugnot appelait, au bout d'une semaine, la mort de tous ses vœux, comme le seul remède à ses souffrances. Le nombre des suspects, dans Paris seulement, s'élevait, en floréal 1794, à plus de huit mille. La Terreur redoublait de violence : elle ne se contentait plus de quelques supplices isolés ; elle immolait jusqu'à vingt individus à la fois, « administrait, combattait, égorgeait avec un ensemble effrayant. » La constitution était suspendue, et le Comité de sûreté générale proclamait le gouvernement révolutionnaire. On fusillait à Toulon, on mitraillait à Lyon, on noyait à Nantes, on égorgeait à Arras, on guillotinait à Paris, on emprisonnait partout. Pendant ce temps Robespierre, par un étrange contraste, proclamait « le règne de la Vertu » et faisait décréter « le dogme de la croyance à l'Être suprême[1]. »

Le jour même de l'incarcération des fermiers généraux à la Conciergerie, l'accusateur public Fouquier-Tinville, « bouche de fer de la Terreur, » qui rédigeait depuis quatorze mois la liste journalière des condamnés, dressa l'acte d'accusation contre les vingt-huit financiers. Il leur reprochait : « d'être les auteurs ou complices d'un complot qui a existé contre le peuple français, tendant à favoriser les ennemis de la France, notamment en exerçant toute espèce d'exactions et concussions sur le peuple français, en mêlant au tabac de l'eau et des ingrédients nuisibles à la santé des citoyens qui en

[1] Thiers.

faisaient usage, en prenant 6 et 10 pour 100 tant pour l'intérêt de leur cautionnement que pour la mise des fonds nécessaires à leur exploitation, tandis que la loi ne leur en accordait que 4 ; en retenant dans leurs mains des fonds provenant des bénéfices qui doivent être versés dans le trésor public ; en pillant le peuple et le trésor national pour enlever à la nation des sommes immenses et nécessaires à la guerre contre les despotes coalisés, et les fournir à ces derniers. »

Le 18 floréal, au matin, les gendarmes vinrent chercher les prisonniers pour les amener au tribunal révolutionnaire, qui était établi dans une salle située au-dessus des voûtes de la Conciergerie : un escalier étroit et sombre conduisait les détenus devant leurs juges. A onze heures, les fermiers généraux prirent place en silence au banc des accusés. Voici leurs noms :

1. Delaage père, fermier général, âgé de 70 ans, natif de Saintes, demeurant à Paris, rue Grange-Batelière, ex-noble.

2. L.-B. Dangé de Bagneux, âgé de 55 ans, natif de Paris, secrétaire de Capet au ci-devant conseil supérieur de Colmar, ex-noble, fermier général.

3. J. Paulze, âgé de 75 ans, natif de Montbrison, secrétaire de Capet, fermier général.

4. A.-L. Lavoisier, âgé de 50 ans, natif de Paris, membre de la ci-devant Académie des sciences, régisseur des poudres et salpêtres, adjoint à la ferme générale, commissaire à la trésorerie nationale.

5. J. Puissant, âgé de 60 ans, natif de Port-l'Égalité, ex-noble, fermier général.

6. De Saint-Amand, âgé de 74 ans, natif de Marseille, ex-noble, fermier général.

7. J.-G. de Montcloud, âgé de 68 ans, natif de Montaigu, département du Puy-de-Dôme, secrétaire de Capet, ex-noble, fermier général.

8. A.-F. Parceval-Saint-Cristaux, âgé de 44 ans, natif de Rennes, ex-noble, fermier général.

9. J.-B. de Boullogne, âgé de 45 ans, natif de Paris, ex-noble, fermier général sans département.

10. L.-M. Lebas de Courmont, âgé de 52 ans, natif de Paris, fermier général sans département, ex-noble.

11. C.-R. Parceval-Frileuse, âgé de 55 ans, natif de Paris, ex-noble, fermier général.

12. N.-J. Pappillon d'Auteroche, âgé de 64 ans, natif de Châlons, ex-noble, fermier général.

13. J.-C. Mauber-Neuilly, âgé de 64 ans, natif de Châlons, ex-noble, fermier général.

14. J.-J. Brac de la Perrière, âgé de 68 ans, natif de Ville-Affranchie, ex-noble, fermier général.

15. C.-F. Rougeot, âgé de 75 ans, natif de Dijon, ex-noble, fermier général.

16. J.-F. Devantes, âgé de 63 ans, natif de Dieppe, ex-noble, fermier général.

17. D.-H. Fabus-Vernant, âgé de 47 ans, natif de Paris, ex-noble, fermier général, sans département, commandant au bataillon de la section de Molière et Lafontaine, capitaine des chasseurs des Filles-Thomas.

18. Nicolas Deville, âgé de 44 ans, natif de la Bresse, secrétaire de Capet, fermier général, ex-noble.

19. C. Cugniaux d'Épinay, natif de Paris, âgé de 55 ans, fermier général, ex-noble.

20. L.-A. Prevôt d'Arlincourt, natif d'Évreux, âgé de 50 ans, ex-noble, fermier général.

21. E.-M. de la Haye, âgé de 36 ans, natif de Paris, ex-noble, fermier général.

22. H. Mesnage de Pressigny, âgé de 61 ans, natif de Bordeaux, ex-noble, fermier général.

23. T.-H. Soleure de Grizieux, âgé de 64 ans, natif de Paris, ex-noble, fermier général.

24. G. Couturier, âgé de 60 ans, natif d'Orléans, fermier général.

25. L.-P. du Vauxel, âgé de 40 ans, natif de Paris, ex-noble, fermier général sans département.

26. L.-P. Parceval, âgé de 36 ans, ex-noble, fermier général, commandant le bataillon de la section de la Bibliothèque.

27. J.-J. Didelot, âgé de 50 ans, natif de Châlons, ex-noble, régisseur général.

28. J.-L. Loiseau-Béranger, âgé de 62 ans, natif de Paris, ex-noble, fermier général.

Nous avons consulté les registres déposés aux Archives, ainsi que tous les documents relatifs au procès des fermiers généraux, et nous avons constaté que trois questions seulement furent successivement adressées par le président Coffinhal aux vingt-huit prévenus. Ils répondirent tous en opposant une énergique négation à toutes les imputations de l'accusateur public. Voici un extrait de l'interrogatoire de l'un des accusés, qui donnera une idée de la façon expéditive avec laquelle procédait la justice révolutionnaire.

« De suite a comparu un autre particulier auquel nous avons demandé son nom, âge et profession, lieu de naissance et demeure, lequel a répondu se nommer Nicolas Deville, natif de Roanne, Rhône-et-Loire, ex-fermier général, demeurant à Paris, place des Piques, section du même nom.

« D. Si, comme fermier général, il ne s'est pas rendu coupable de dilapidation des finances du gouvernement, d'exactions infâmes, de concussions et fraudes envers le peuple?

« R. Non.

« D. Quel département lui avait été confié par sa compagnie?

« R. L'Alsace.

« D. S'il a un défenseur?

« R. Non.

« Pourquoi nous lui avons donné lecture de l'acte d'accusation ; lecture faite, persiste et signe avec nous : DEVILLE. »

Lavoisier protesta en termes très-modérés, mais très-dignes, contre le reproche de concussion, et déclara que, pendant toute la durée de son administration, oin d'avoir donné l'exemple de la dilapidation, il s'était au contraire attaché à réprimer les abus.

Le tribunal, après avoir terminé la série des interrogatoires, remit le prononcé du jugement au lendemain. Les fermiers généraux furent reconduits dans leurs cachots. Ils prirent leurs dernières dispositions en prévision d'une mort qui leur semblait inévitable. « Dans ces temps malheureux, a dit la Harpe, le prêtre ne paraissait dans les prisons que pour y marcher à l'échafaud, et les détenus étaient privés des suprêmes consolations de la religion. » Plus d'une pieuse prière s'éleva cependant vers le ciel pendant cette dernière nuit, et plus d'une larme coula sur ces visages que n'avaient pu faire pâlir les menaces du tribunal révolutionnaire. L'un des accusés était notre bisaïeul. Qu'il nous soit permis de publier ici la lettre d'adieu adressée par lui à sa famille ; rien ne donnera mieux l'idée des sentiments qui agitaient, dans ces tristes instants, l'âme des captifs. Sous une forme empruntée à la philosophie déiste, cette page intime témoigne d'un sentiment profondément chrétien.

En transcrivant ces lignes, nous croyons nous acquitter d'un devoir et nous sommes les fidèles interprètes de ceux qui ont conservé le culte d'une vie si pure, couronnée par une mort si héroïque.

« A LA CITOYENNE DEVILLE.

« 18 floréal.

« Je t'embrasse, ma chère amie, de toute la tendresse de mon cœur et te demande de reporter sur nos chers enfants les sentiments dont tu étais animée pour moi : eux seuls doivent à présent concentrer tes affections et tes soins. Ils leur sont trop nécessaires pour que tu ne veilles pas scrupuleusement à ta conservation ; la raison, la nature et l'Être suprême t'en font un devoir sacré. Pour moi, j'ai la confiance que tes vertus t'élèveront au-dessus des faiblesses humaines et que tu sauras supporter avec courage les vicissitudes de cette vie. Tes enfants doivent, je te le répète, concentrer dorénavant toutes tes affections, et en leur procurant par là le bonheur, tu trouveras la félicité que je te désire et qui en ce moment soutient mon courage. Je sens que tu es plus à plaindre que moi, et cette idée est la seule qui me tourmente.

« J'ai constamment rempli les devoirs d'un homme vertueux, j'emporte une âme pure, et j'ai toute confiance dans l'Être suprême ; ainsi, ma chère amie, quand ces derniers adieux te parviendront, je serai débarrassé de toutes les peines de ce monde, je serai heureux, et je pourrai intercéder pour toi et nos enfants auprès du dispensateur de toutes choses.

« Je t'embrasse avec nos chers enfants mille et mille fois, et mes derniers vœux, les seuls qui occupent mon cœur, sont que vous soyez heureux. Tes vertus et ton courage m'assurent que vous le serez. Vous ne devez plus avoir ni inquiétude ni soucis pour moi : ainsi, ma chère amie, ne vous occupez plus du malheureux sort que j'aurai éprouvé, je ne l'ai point mérité, et c'est ce qui doit faire taire tout regret. L'Être suprême qui dirige tout a voulu me faire éprouver tout ce qui m'arrive ; je bénis sa volonté et je ne doute pas qu'elle n'ait été un plus grand bien pour moi, pour vous, ma chère amie, et pour vos enfants. Ainsi regardez ce qui m'arrive plutôt comme un bien que comme un malheur.

« Veillez vous-même, ma chère amie, à l'éducation de nos enfants, inculquez de bonne heure dans leur cœur les principes de vertu et d'amour les uns pour les autres. Donnez-leur des talents utiles et surtout l'amour du travail. Avec cela ils seront heureux et feront votre félicité. Je le désire vivement et j'ai la confiance qu'ils réaliseront nos espérances parce qu'ils ont le cœur et l'esprit bons.

« Vous ne sauriez vous imaginer, ma chère amie, combien cet espoir met de calme dans mon âme : il me fait tout supporter avec courage et il répand dans mon cœur les consolations dont il a besoin.

« Adieu pour la dernière fois, je vais vous attendre dans le sein de l'Éternel, où nous devons tous nous réunir un jour. Si jamais j'avais eu le malheur de te causer quelque peine, sois bien assurée, ma chère amie, que mon cœur n'y a point de part, mais si cela était, je t'en demande pardon. Ton fidèle ami, « DEVILLE. »

Cette lettre, dont l'original est entre nos mains, commencée le soir, ne fut achevée que le 19 au matin : les traces des larmes qui tachent le papier en plusieurs endroits attestent toute l'émotion du prisonnier dans cette nuit suprême où tant de douloureux souvenirs déchiraient son âme courageuse.

Pendant ce temps un cachot voisin était témoin d'une scène pathétique. Lavoisier méditait paisiblement dans un coin obscur de sa cellule, quand la porte s'ouvre, et le geôlier apparaît suivi d'une députation des membres du Lycée. Ils viennent rendre un dernier hommage à celui dont les immortelles découvertes ont tant contribué au progrès des connaissances humaines. L'un d'eux dépose une couronne de lauriers sur le front de l'illustre accusé, et les autres s'agenouillent respectueusement devant lui. Nous ne chercherons pas à retracer l'attendrissement de Lavoisier et l'éloquence muette peinte sur le visage de tous les spectateurs. Nous nous contenterons d'admirer la sainte audace de ces hommes généreux qui bravaient la mort pour accomplir les devoirs sacrés que la reconnaissance dicte à tous les cœurs élevés.

Le lendemain matin, 19 floréal, à onze heures, les vingt-huit fermiers généraux furent ramenés devant le tribunal révolutionnaire, composé des citoyens Pierre-André Coffinhal, président ; Étienne Foucault et François-Joseph Denizôt, juges ; de Gilbert Lieudon, adjoint de l'accusateur public, et de Anne Ducray, commis-greffier. Les douze jurés prirent place sur les bancs qui leur étaient destinés. Les accusés comparurent ensuite à la barre, libres et sans fers ; à leurs côtés se tenaient MM. Chauveau-Lagarde, Lafleuterie et Gués de Guyot, leurs défenseurs officieux. Chauveau-Lagarde s'était déjà illustré par ses belles défenses de Charlotte Corday, de Marie-Antoinette et d'une foule d'autres victimes des vengeances démagogiques. Il cherchait, suivant le mot de Lamartine, dans ces causes solennelles, non un vil salaire de ses paroles, mais les applaudissements de la postérité. Une foule bruyante se pressait dans l'enceinte réservée au public qui contemplait les prévenus d'un regard insolent et haineux. Dupin et Gaudot, assis l'un près de l'autre, se montraient du doigt leurs victimes, avec des ricanements de cruauté satisfaite.

L'audience ouverte, Fouquier-Tinville expose que, en vertu du décret de la Convention du 16 floréal, les ci-devant fermiers généraux intéressés dans les baux de David, Salzard et Mager, traduits devant le tribunal révolutionnaire, ont été interrogés la veille, 18 floréal, et qu'ils doivent être jugés dans la présente séance sur les délits de dilapidation des revenus publics, de concussions, d'exactions, de fraudes envers le peuple français et infidélités envers le gouvernement, dont ils sont accusés. Il déclare qu'il a soigneusement consulté toutes les pièces du procès, et que du rapport fait à la Convention par Dupin, ainsi que des interrogatoires subis la veille par les prévenus, il résulte qu'ils sont convaincus de tous les crimes énumérés dans l'acte d'accusation dont il donne lecture.

Son réquisitoire terminé, Fouquier-Tinville s'assied, et un murmure approbateur parcourt les rangs de l'assemblée. Vilate prétend que Dupin laissa échapper cet aveu cynique : « La guillotine sera meilleure financière que Cambon. » Naulin, de son côté, se pencha à l'oreille de son voisin en disant : « Puisque c'est un crime capital de mettre de l'eau dans le tabac, je n'en mettrai plus dans le mien. » Les avocats des fermiers généraux s'acquittèrent de leur pénible mission avec une louable conscience, tout en ayant la certitude que leurs efforts pour arracher leurs clients à l'échafaud demeureraient infructueux. Plusieurs d'entre les collègues de Lavoisier à l'Académie des sciences jouissaient d'un réel crédit auprès des membres de la Convention, et ils auraient pu intercéder auprès de ses juges en sa faveur. Mais son mérite lui avait attiré beaucoup d'ennemis, et comme Lalande l'a remarqué, la jalousie étouffa dans plus d'un cœur le cri de la pitié. Hallé et un autre des amis de Lavoisier osèrent seuls prendre sa défense dans cette séance. Ils lurent au tribunal un long rapport dans lequel ils énuméraient les services que l'illustre savant avait rendus à sa patrie et les titres à la reconnaissance publique que lui avaient conférés ses importantes découvertes. Les juges l'écoutèrent d'une oreille distraite et passèrent outre. De graves iniquités furent commises par Fouquier-Tinville dans le cours de cette séance. Il refusa plusieurs fois d'ouvrir les dossiers contenant les pièces à décharge, s'obstinant ainsi à regarder d'avance les accusés comme coupables, et écartant scrupuleusement les témoignages qu'il supposait devoir leur être favorables.

Le tribunal, après avoir entendu l'accusateur public sur l'application de la loi, condamna les vingt-huit fermiers généraux à la peine de mort. Il déclara leurs biens « acquis à la République » et ordonna que le jugement fût exécuté dans les vingt-quatre heures sur la place de la Révolution, imprimé et affiché dans toute l'étendue de la République. L'un des juges demanda aux condamnés s'ils avaient quelque observation à faire sur la peine portée contre eux. Ils ne répondirent que par le silence, promenant un regard fier sur cette foule avilie qui avait accueilli la sentence fatale par des trépignements de joie sauvage.

Lavoisier réclama, comme suprême faveur, la permission de terminer une expérience dont l'achèvement lui semblait devoir être plus tard « très-utile au bonheur de l'humanité. » Il pria le tribunal de lui accorder un sursis de quelques jours. Il voulait, présume-t-on, finir un travail depuis longtemps commencé et dans lequel il s'occupait de la question de la transpiration, des causes qui la produisent et des moyens efficaces de la combattre. Il espérait qu'on ferait droit à sa requête; puis, sa tâche accomplie, il serait venu se remettre lui-même aux mains de ses ennemis, emportant dans la tombe la douce certitude d'avoir rempli une noble mission.

Le président Coffinhal ne se donna pas même la peine de consulter ses collègues; il se tourna brusquement du côté de Lavoisier et lui dit d'une voix sèche : « La République n'a pas besoin de chimistes, rien ne peut suspendre le cours de la justice. » Cruelle et stupide réponse, bien digne de ces « bourreaux barbouilleurs de lois, » comme les a appelés une des victimes de la Terreur, le jeune poëte André Chénier.

Lavoisier comprit que l'arrêt était définitif. Il suivit ses compagnons, qui furent reconduits dans leurs cachots. Quelques heures plus tard, les prisonniers se trouvaient réunis dans la cour principale de la Conciergerie, les mains liées derrière le dos, sous la garde des soldats de la Convention. Ils se succédèrent sur la sellette, où ils subirent les funèbres préparatifs de l'exécution avec autant de calme que s'il se fût agi de leur toilette du matin. Les valets de Samson s'acquittaient de leur besogne avec cette cynique indifférence que donne l'habitude. Les cheveux blonds tombaient sous le ciseau auprès des boucles argentées, comme pour témoigner de toute la cruauté de ces temps abhorrés, où l'on confondait dans une même proscription les jeunes gens et les vieillards.

Quand les tristes apprêts furent terminés, les condamnés montèrent sur les charrettes au nombre de vingt-huit. Les officiers municipaux, le sabre au poing, faisaient cabrer leurs chevaux et se frayaient un passage au milieu des flots pressés de la populace. Les voitures suivaient lentement la route accoutumée : elles traversèrent le Pont-au-Change, le quai de la Mégisserie, et longèrent la rue Saint-Honoré. Les fermiers généraux, cahotés par les secousses du pavé, se serraient les uns contre les autres, se soutenant mutuellement par des paroles d'encouragement. Peut-être se demandaient-ils avec anxiété comment de tous ces crimes et de toutes ces violences, dont ils ne prévoyaient pas le terme, naîtrait un jour pour la France une ère de véritable liberté. « A la guillotine! à la guillotine! » hurlait-on de toutes parts, et des clameurs furieuses s'élevaient du sein de la foule comme les voix sinistres de l'ouragan. Debout, l'œil fier, le front serein, les condamnés ne semblaient point entendre ces cris de mort, et ils arrivèrent sur la place de la Révolution sans que leur mâle contenance se fût démentie un seul instant pendant ce pénible trajet.

Il était cinq heures du soir, et le soleil se couchait à l'horizon derrière les grands arbres des Champs-Élysées. Les vingt-huit fermiers généraux échangèrent un dernier regard d'adieu et se livrèrent aux exécuteurs. Un sourd frémissement parcourut la multitude, et quelques cris isolés de Vive la République troublèrent seuls le silence de cette scène émouvante. En trente-cinq minutes tout fut fini.

Les fermiers généraux furent inhumés non loin de la Madeleine, près de l'endroit où l'on a bâti en signe d'expiation le monument consacré à la mémoire de Louis XVI et de Marie-Antoinette : la Providence a voulu qu'ils pussent reposer auprès d'eux, en souvenir de leurs loyaux services et de leur dévouement à la monarchie. L'assassinat juridique des financiers, sacrifiés à la cupidité insatiable de la Convention, restera comme un des actes les plus justement flétris du régime de la Terreur. Ni les déclamations des partisans de ce triste système, ni les arguments captieux tirés de la prétendue nécessité « du salut public » ne sauraient altérer le caractère de cette inique condamnation. Pas plus que les quarante-cinq magistrats du Parlement de Paris, qui les avaient précédés de quelques jours devant le tribunal révolutionnaire, les fermiers généraux n'avaient mérité leur sort; mais pas plus qu'eux aussi ils ne devaient rougir d'arroser de leur sang cet échafaud dont le poëte a dit :

Quand l'innocent y monte il devient un autel.

Cependant la Convention n'était pas satisfaite. Plusieurs fermiers généraux, enfermés dans les différentes prisons de Paris, n'avaient pas encore été mis en jugement, et il ne fallait pas qu'ils échappassent à sa vengeance. On prépara une instruction contre eux. Pendant ce temps les exécutions continuaient. Le 10 mai, madame Élisabeth comparut devant le tribunal révolutionnaire. Elle fut conduite au supplice avec vingt-quatre autres victimes, parmi lesquelles étaient des serviteurs illustres de la royauté, et des femmes qui avaient brillé dans les salons de Versailles; on eût dit qu'elles avaient tenu à honneur de lui faire cortége. Le peuple, rassemblé pour insulter la sœur de Louis XVI, se sentit désarmé par tant de résignation, et pas un mot d'insulte ne fut jeté sur son passage. Madame Élisabeth ne cessait d'exhorter ses compagnons et de leur parler de Dieu. En descendant de la charrette, chaque condamné la salua respectueusement avant de gravir l'échelle fatale. Il y avait là comme un dernier et touchant hommage rendu à la plus pieuse et à la plus pure des martyres de la Terreur.

Le 24 floréal furent amenés à la barre du tribunal révolutionnaire :

1° C.-A. Prévôt d'Arlincourt, âgé de 76 ans, natif de Doulens, fermier général, demeurant à Paris, rue Bergère, ex-noble;

2° J.-C. Douet, âgé de 73 ans, né à Commune-Affranchie, fermier général, demeurant à Paris, rue Bergère, ex-noble;

3° L. Mercier, âgé de 78 ans, né et demeurant à Paris, même rue, fermier général.

Le mandat concernant l'extradition des deux derniers prévenus était conçu en ces termes : « Le gardien de Picpus et de tout autre où les sus-nommés peuvent être détenus remettra à la gendarmerie et à l'huissier du tribunal révolutionnaire les prisonniers pour être traduits devant le tribunal. » Fouquier-Tinville avait ajouté lui-même en marge ces quelques mots : « Faire apporter leurs effets, attendu qu'ils n'y retourneront plus. » C'était dire très-clairement que les accusés étaient condamnés d'avance. Douet, interrogé sur certains faits dont il n'avait pas gardé le souvenir, répondit que sa femme fournirait d'utiles renseignements. Mme Douet fut aussitôt arrêtée et enfermée à la Conciergerie, et les papiers saisis chez elle servirent de prétexte aux accusations formulées par Fouquier-Tinville. Voici le résumé du réquisitoire :

« Vous voyez devant vous, citoyens jurés, des fermiers généraux ennemis de l'égalité par état et par principes; les pièces du procès vous les montreront gorgés des dépouilles du peuple et couverts de rapines. D'Arlincourt a l'esprit contre-révolutionnaire commun aux classes monstrueuses du despotisme. Mercier et Douet sont des factieux qui n'ont rien épargné pour propager les idées liberticides en Vendée : des chapelets, des christs, des reliques, des fleurs de lis réservées dans un pot indiquaient assez combien leurs opinions contrastaient avec les principes révolutionnaires. Douet était un homme incapable de remords, ami de Dietrich, de Duchatelet et des émigrés, barbares satellites des despotes sanguinaires, habitués aux horreurs inconnues aux monstres les plus féroces. D'Arlincourt, coupable comme ses complices de l'empoisonnement et de l'assassinat du peuple, voulait avoir le privilége exclusif d'être fripon et s'irritait que ses subalternes osassent faire assaut de friponnerie avec leur supérieur. La femme Douet ne peut détruire ses correspondances avec les émigrés, et son testament, où elle accable de bienfaits les contre-révolutionnaires et où elle exhale sa bile aristocratique, dépose assez ouvertement de son cruel espoir de contre-révolution. La mesure des crimes de ces vampires est donc à son comble; l'immoralité de ces êtres est gravée dans l'opinion publique, et ils sont bien constamment les auteurs de tous les maux de la France. » (Extrait du *Bulletin du tribunal révolutionnaire.*)

Nous connaissons peu de pages dans l'histoire où soient entassées plus de calomnies puériles et de cyniques accusations.

Nous avons feuilleté le dossier W 365, n° 809, où sont insérés les fragments des lettres de madame Douet conservées aux Archives; voici les phrases que Fouquier-Tinville lut au tribunal, et qu'il a soulignées lui-même au crayon rouge comme séditieuses : « Que de maux je prévois pour la France! Je plains le roi, je plains M. de Necker de tout mon cœur. Les papiers publics sont effrayants » (21 juin 1791). Dans un billet daté du 8 avril 1790, on remarque ces lignes : « Je ne suis pas assez habile pour voir si la constitution nouvelle rendra les générations futures plus heureuses que celles qui nous ont devancés; mais il me paraît certain que la génération actuelle sera aussi malheureuse qu'on peut l'être, parce que le grand ébranlement qu'elle a eu se fera sentir pendant de longues années. Encore si nous avions la paix; mais le drapeau rouge est dehors ici depuis dix ou douze jours. » Le reste de la page est déchiré. C'est sur ces deux citations que Fouquier-Tinville établit la culpabilité de l'accusée. Il y a là quelque chose de si atrocement dérisoire qu'on se sent profondément révolté contre la froide cruauté de ce tribunal, auquel de semblables allégations paraissaient suffisantes pour entraîner la peine de mort.

Les trois fermiers généraux furent condamnés à subir le sort de leurs collègues.

L'arrêt relatif à Mme Douet mérite d'être rapporté : On la déclara « convaincue d'être complice d'un horrible complot qui avait existé dans le département du Cher et dans la commune de Paris contre le peuple français, tendant, au moyen des correspondances et intelligences avec des individus frappés du glaive de la loi, et avec des ennemis intérieurs de la République, à exciter à la guerre civile en France en armant les citoyens les uns contre les autres et contre l'autorité légitime. »

Dupin, enrichi par les dépouilles de ses victimes, songea à jouir en paix du fruit de ses trahisons. Tandis que Carrier noyait cinq mille Vendéens, que Lebon promenait la guillotine dans les départements du Nord, que Collot d'Herbois canonnait les suspects de Lyon, et que Fouquier-Tinville se félicitait de voir tomber les têtes « comme des ardoises. » Barère, Vadier, Amar, Vacland et plusieurs autres membres du Comité de sûreté générale se réunissaient à Passy dans la maison de campagne de Dupin. Là, dit M. Thiers, ils se livraient à tous les plaisirs avec de belles femmes, et Barère exerçait son esprit contre Robespierre, le pontife de l'Être suprême, le premier prophète, le fils chéri de la « Mère-de-Dieu ; » après s'être égayés, ils sortaient des mains de leurs courtisanes pour revenir à Paris au milieu du sang et des rivalités.

Cependant la puissance de Robespierre déclinait rapidement. La journée du 9 thermidor et la chute des triumvirs fut le signal d'une réaction inattendue. Dupin craignit d'être inquiété par les parents des victimes qui, soutenus par la jeunesse dorée et par le parti thermidorien, attaquaient ouvertement les conventionnels et demandaient une enquête sur la conduite des terroristes. Cependant dix mois s'écoulèrent. Dupin eut l'audacieuse pensée de prévenir les poursuites des familles, en se disculpant de toute participation dans la condamnation des fermiers généraux, et en proposant plusieurs mesures équitables en faveur de leurs héritiers. C'est alors qu'on put juger de toute la bassesse de son caractère. Le 20 floréal, an III, il annonça à la Convention qu'il « dénoncerait les crimes commis contre les citoyens afin que la justice de la République pût s'exercer en donnant aux malheureuses familles des victimes les adoucissements dont leur infortune avait si grand be-oin. » Il s'efforcera, quant à lui, de consoler, par la vérité de ses paroles « les mânes des infortunés que la Convention soulagera dans la personne de ceux qu'ils ont laissés pour donner des larmes à leur mémoire. » Il parlera donc du procès des financiers. « Vous vous rappelez, citoyens, s'écrie-t-il, à quel point de fermentation on avait monté l'opinion générale contre eux ; vous vous souvenez des déclamations des députés qui faisaient si souvent retentir cette salle des discours les plus violents contre les percepteurs des deniers publics. Les dénonciations les plus odieuses leur étaient prodiguées : des pamphlets, des diatribes, des écrits répandus à profusion avaient électrisé les têtes. On avait employé, pour les perdre, tous les moyens de corruption qui peuvent aveugler les hommes. » Il rappelle les délations qui abondaient de toutes parts. Il montre « les délateurs se portant en masse au tribunal et y dictant audacieusement les jugements qu'ils exigeaient. La voie de cassation, ouverte aux plus vils criminels, leur était fermée ; on exécutait les jugements rendus contre eux dès qu'ils étaient prononcés, et leurs adversaires les faisaient précéder de la terreur au point d'imposer silence à la conscience des magistrats. » Il prétend que c'est « l'infâme Robespierre qui, aidé de ses monstres et complices, a exagéré les biens des fermiers généraux pour s'en saisir. » Il vante sa modération pendant tout le cours du procès. Grâce à lui, les fermiers généraux, durant leur détention, « ont été l'objet de tous les égards dus au malheur : » ils ont pu communiquer librement avec leurs commis et recevoir les visites de leur famille. Il a donc su concilier, dans cette affaire, ses devoirs avec l'impartialité la plus complète. Il regrette cependant que son discours ait été

« le tocsin de mort des accusés » et il a cru agir honnêtement en s'en remettant à la conscience de ce tribunal qui n'était pas encore devenu : « le premier degré de l'échafaud. » Il a supplié le jury de laisser à la défense tous les moyens de réfuter les charges accumulées contre les prévenus. Il déplore les illégalités flagrantes qui ont été commises. On devait présenter aux fermiers généraux les différents reproches qu'on leur imputait, discuter les griefs de leurs délateurs, adresser à chacun d'eux des interpellations, consulter les documents qui leur étaient favorables, en un mot, respecter toutes les formalités ordonnées par les lois : on ne l'a pas fait.

Il rejette tout l'odieux de ces procédés sur Fouquier-Tinville et sur Coffinhal. Il conclut en demandant que le séquestre des bien des condamnés soit converti en simple opposition.

Ce panégyrique, si plein de mensonges, fut débité avec une assurance et un cynisme tellement imperturbables, qu'il ne provoqua aucune protestation de la part de l'Assemblée. Le nombre des membres présents qui avaient voté le décret d'arrestation des financiers était en outre trop considérable pour que la Convention ne s'efforçât pas de jeter un voile sur le passé.

Mais de nouvelles plaintes ayant été portées contre Dupin par les familles des victimes, Lesage d'Eure-et-Loir attaqua ouvertement son collègue dans la séance du 22 thermidor. Il le représenta comme « un ancien valet des fermiers généraux qui avait voulu se venger de ses maîtres. » Il l'accusa d'avoir volé les bijoux et les valeurs des condamnés, d'avoir dérobé à Lépinay un portefeuille contenant cent mille livres en assignats et quatre-vingt quinze louis d'or. Il demanda son arrestation. Le décret fut rendu, et Dupin languit dans sa prison pendant deux mois. Il fut amnistié au 4 brumaire, et mourut en 1820.

Quant à Gaudot on n'entendit plus parler de lui : il rentra « dans l'obscurité et dans l'écume d'où la Révolution l'avait un instant soulevé. »

PARIS. — IMP. SIMON RAÇON ET COMP., RUE D'ERFURTH, 1.

www.ingramcontent.com/pod-product-compliance
Ingram Content Group UK Ltd.
Pitfield, Milton Keynes, MK11 3LW, UK
UKHW021035220726
13924UKWH00001B/329

9 782019 909598